D1393046

Pecyn Ymarfer – Cwrs Mynediad

CBAC
WJEC

Cyhoeddwyd gan CBAC
Cyd-bwyllgor Addysg Cymru
Published by the WJEC
Welsh Joint Education Committee

Yr Uned Iaith Genedlaethol,
CBAC, 245 Rhodfa'r Gorllewin, CAERDYDD
CF5 2YX
The National Language Unit,
WJEC, 245 Western Avenue,
CARDIFF CF5 2YX

Argraffiad cyntaf: 2005
First impression: 2005

ISBN 1 86085 612 8

Cydnabyddiaeth
Acknowledgements

Awdur: *Author:*	Elin Meek
Golygydd: *Editor:*	Glenys Mair Roberts
Dylunydd: *Designer:*	Olwen Fowler
Rheolwr y Project: *Project Manager:*	Emyr Davies

Lluniwyd y darluniau gan Huw Vaughan Jones.
Illustrations are by Huw Vaughan Jones.

Tynnwyd y ffotograffau gan
Mark Johnson, Pinegate Photography.
Photographs were taken by
Mark Johnson, Pinegate Photography.

Mae'r cyhoeddwyr yn ddiolchgar
i Fwrdd Croeso Cymru am ganiatâd i
ddefnyddio'r ffotograff ar y clawr blaen.
The publishers are grateful to the Wales
Tourist Board for permission to use the
photograph on the front cover.

Nodyn
Note

Mae hwn yn gwrs newydd sbon, felly croesewir
sylwadau gan ddefnyddwyr, yn diwtoriaid ac yn
ddysgwyr. Anfonwch eich sylwadau drwy e-bost at:
lowri.morgan@cbac.co.uk, neu drwy'r post at: Lowri
Morgan, Yr Uned Iaith Genedlaethol, CBAC, 245
Rhodfa'r Gorllewin, CAERDYDD, CF5 2YX.

This is a brand new course, so we would welcome any
comments from users, whether tutors or learners. Send your
comments by e-mail to: lowri.morgan@cbac.co.uk, or by
post to: Lowri Morgan, The National Language Unit,
WJEC, 245 Western Avenue, CARDIFF, CF5 2YX.

Cyflwyniad
Introduction

Cwrs Mynediad is the first part of a three-level course that will help you to speak and understand Welsh. There are different versions for learners living in north and south Wales. It has been designed for groups of learners who meet in classes once a week, or on more intensive courses.

Cwrs Mynediad is made up of 30 units to be used in class with your tutor, including a revision unit every five units. This *Pecyn Ymarfer* (Practice Pack) relates to the units in the course book (not the appendices). The pack is designed to help you revise what you've learnt in class, through various tasks and exercises. Although these involve writing, the main focus in the course is on speaking and understanding Welsh. You should try to complete the work-sheet for each unit as you progress and give it to your tutor to be marked. There is no work-sheet for Unit 1 (Pronunciation).

Don't worry if you haven't done the work-sheets, for whatever reason; no marks or grades are given for these. It's more important that you use what you've learnt to talk to friends, family or the family pet!

Pob lwc!

Pecyn Ymarfer Cwrs Mynediad: Uned 2

 Ymarfer 1

Ysgrifennwch sut byddech chi'n cyfarch pobl ar yr adegau yma o'r dydd:
Write how you would greet people at these times of the day:

1. 3 p.m. _____

2. 10 a.m. _____

3. 7 p.m. _____

4. 7 a.m. _____

5. 5 p.m. _____

6. 8 p.m. _____

 Ymarfer 2

Llenwch y bylchau:
Fill in the blanks:

1. Pwy _____ chi?

2. Da _____, diolch.

3. Dydd Sul, dydd Llun, dydd Mawrth, dydd _____, dydd Iau.

4. Gareth _____ i.

5. Sut _____ chi?

6. Braf _____ â chi.

Ymarfer 3

Cyfieithwch:
Translate:

1. Good morning

_____

2. How are you?

_____

3. Who are you?

_____

4. I'm Mr Jones

_____

5. Nice to meet you

_____

6. Fine, thank you.

_____

7. Bye!

_____

Ymarfer 4

Ysgrifennwch yr ateb i'r symiau yn Gymraeg:
Write the answer to the sums using Welsh words (not numerals!):

1. $4 + 5$ _____

2. $8 - 2$ _____

3. $3 + 4$ _____

4. $8 - 6$ _____

5. $5 + 3$ _____

6. $4 + 6$ _____

7. $9 + 2 - 11$ _____

Ymarfer 5

Ysgrifennwch ddyddiau'r wythnos yn eu trefn gywir, gan ddechrau gyda dydd Sul:
Write the days of the week in correct order, starting with Sunday:

Dydd Sadwrn	*dydd Sul*
Dydd Mawrth	_____
Dydd Sul	_____
Dydd Iau	_____
Dydd Mercher	_____
Dydd Gwener	_____
Dydd Llun	_____

Pecyn Ymarfer – Cwrs Mynediad: Uned 2

Pecyn Ymarfer Cwrs Mynediad: Uned 3

Ymarfer 1

Ysgrifennwch y CWESTIYNAU ar gyfer yr atebion hyn:
Write the QUESTIONS for these answers:

1. _____

_____?

Meirion Rees dw i.

2. _____

_____?

Dw i'n byw yn Aberystwyth.

3. _____

_____?

01443 989023

4. _____

_____?

Mecanic dw i.

5. _____

_____?

Dw i'n gweithio yn garej Fred Williams.

6. _____

_____?

Dw i'n dod o Dregaron yn wreiddiol.

Ymarfer 2

Rhowch y geiriau mewn trefn i wneud brawddegau cywir:
Put the words in order to form correct sentences:

1. yr Wyddgrug? byw Dych yn chi'n

_____

2. dw Gwraig i tŷ

_____

3. chi? Michael Hughes dych

_____

4. wreiddiol? O dych dod yn chi'n ble

_____

5. siop gweithio i'n mewn Dw

_____

6. bwys i'n byw Dw ar Castell-nedd

_____

Ymarfer 3

Gorffennwch y brawddegau hyn:
Complete these sentences:

1. Beth _____ 'ch rhif ffôn chi?

2. Ble _____ chi'n byw?

3. Dw i'n _____ o Fodelwyddan.

4. Dw i _____ ymddeol.

5. Dw i'n gweithio _____ siop.

6. Dw i'n gweithio _____ Ysbyty Singleton.

Ymarfer 4

Atebwch y cwestiynau yn ôl y gofyn:
Answer the questions according to the prompts - ✔ *= 'yes'* ✘ *= 'no':*

e.e. Dych chi'n byw yn Abergwaun? (✘)   Nac ydw, dw i'n byw yn Wdig.

1. Dych chi'n byw ar bwys y Felinheli? (✔) _____

2. Dych chi'n gweithio mewn swyddfa? (✔) _____

3. Dych chi'n gweithio yn Tesco? (✘)   _____

Ymarfer 5

Ysgrifennwch y geiriau Cymraeg yn y bwlch yn lle'r geiriau Saesneg mewn cromfachau:
Write the Welsh words in the gap instead of the English words in brackets:

1. Dw i _____ (retired)

2. Dych chi'n byw _____? (in Llanelli)

3. Dw i'n gweithio _____ (in a school)

4. Dw i'n byw _____ (near Dolgellau)

5. Dych chi'n gweithio _____? (in the bank)

6. Dw i'n gweithio _____ (near the hospital)

Ymarfer 6

Atebwch y cwestiynau:
Answer the questions:

1. Beth yw'ch enw chi?   _____

2. Ble dych chi'n byw?   _____

3. O ble dych chi'n dod yn wreiddiol?   _____

4. Beth dych chi'n wneud?   _____

5. Ble dych chi'n gweithio?   _____

Pecyn Ymarfer Cwrs Mynediad: Uned 4

Ymarfer 1

Llenwch y bylchau yn y sgwrs hon.
Mae Sioned a Gwenda yn edrych ar ffotograff:

Fill the blanks in this conversation.
Sioned and Gwenda are looking at a photograph:

Sioned: Beth _____ ei enw e?

Gwenda: Fe? Colin _____ e. Mae e'n _____ yn y swyddfa.

Sioned: O ble _____ e'n dod?

Gwenda: O Aberystwyth. Ond _____ e'n byw ar bwys Aberaeron nawr.

Sioned: Beth mae e'n _____ yn y swyddfa?

Gwenda: Technegydd (*technician*) _____ e.

                Mae e'n gweithio _____ chyfrifiaduron.

Sioned: Pwy _____ hi?

Gwenda: O, Carys _____ hi.

Sioned: Ysgrifenyddes _____ hi?

Gwenda: _____ (✘), athrawes yw hi.

Sioned: O ble mae hi'n dod yn _____?

Gwenda: O Fangor.

Sioned: Ydy hi'n byw yn _____ dre?

Gwenda: _____ (✔)

Ymarfer 2

Cyfieithwch y brawddegau hyn:
Translate these sentences:

1. He lives in Llanelli. _____

2. Where does she live? _____

3. What does he do? _____

4. She's a nurse. _____

5. What's her name? _____

6. She lives near town. _____

7. What's his phone number? _____

8. Does he work? _____

9. He works with children. _____

10. She works as a teacher. _____

Ymarfer 3

Chwiliwch am y geiriau yn y chwilair:
Look for the words in the wordsearch:

Actor

Actores

Adeiladwr

Doctor

Gyrrwr

Mecanic

Nyrs

Plismon

Trydanwr

Ysgrifennydd

Ysgrifenyddes

```
Y S R W R R Y G G R G U Y G P
P T E P G S J Y T A O S D L E
D O C N T U C G R E G T C N A
D R O U O F P T G R A N C G B
H O F U W M I I I C H I B O C
W T I H G S S F O G R U R O D
K C Y Y T D E I R O T B W M P
P A U J T N G W L L Y M D E D
Q L S P Y W N D J P H S A C A
K C I D I A C T O R E S L A U
R Y D S D L I A Y N T O I N B
L E S Y M N Y R S G R B E I R
S B R W H O U I L H W F D C T
J T U F U C N O N T B M A P O
D D Y N N E F I R G S Y P F L
```

Pecyn Ymarfer Cwrs Mynediad: Uned 5

Ymarfer 1 - ANAGRAMAU

Dewch o hyd i ddyddiau'r wythnos yn yr anagramau hyn:
Find the days of the week in these anagrams:

ADdYIDU   *Dydd Iau* _____

DdRADThYWM   _____

EWYDdERGDN   _____

DLlDdNUY   _____

WDdNYDRADS   _____

EChDdEMRYDR   _____

UDLDdSY   _____

Ymarfer 2

Atebwch y cwestiynau hyn yn ôl y gofyn:
Answer these questions with 'Yes' or 'No' as indicated:

Mr Morris dych chi? (✘)   _____

Dych chi'n gweithio? (✔)   _____

Ydy hi'n byw yn Aberaeron? (✘)   _____

Gyrrwr lori yw e? (✔)   _____

Ydy e'n gweithio mewn ffatri? (✔)   _____

Karen Pugh yw hi? (✔)   _____

Ymarfer 3

Nawr, atebwch y cwestiynau hyn yn ôl eich sefyllfa chi:
Now, answer these questions according to your own situation:

Dych chi'n gweithio? _____

Huw dych chi? _____

Dych chi'n byw yn y wlad? _____

Mecanic dych chi? _____

Partner Colin dych chi? _____

Ymarfer 4

Rhowch y ddeialog hon yn y drefn gywir. Mae'r frawddeg gyntaf yn barod i chi:
Put this dialogue in the correct order. The first sentence is in place:

A.　　Ydw. Mae Carwyn yn gweithio gyda fi nawr.

A.　　Ble dych chi'n byw nawr?

A.　　Sut mae heddiw?

A.　　Carwyn Daniels, brawd Dewi.

B.　　Yn Llanybydder. Ar bwys y dafarn. Dych chi'n gweithio i'r Cyngor (*Council*) o hyd?

B.　　Da iawn, diolch.

B.　　O ie, dw i'n gwybod!

B.　　Carwyn? Pwy yw e?

A.　　Sut mae heddiw?

B.　　_____

A.　　_____

B.　　_____

A.　　_____

B.　　_____

A.　　_____

B.　　_____

Ymarfer 5

Cyfieithwch y brawddegau hyn:
Translate these sentences:

1. He lives in a flat.　　　　_____

2. Where does she live?　　　_____

3. Do you work with Eileen Daniels?　_____

4. He's unemployed at the moment.　_____

5. Who's he?　　　　　　　_____

6. I live on a farm in the countryside.　_____

Ymarfer 6

Atebwch y cwestiynau hyn yn llawn:
Answer these sentences fully:

1. Ble dych chi'n byw: mewn tŷ, mewn fflat neu (*or*) mewn carafán?

_____

2. Dych chi'n gweithio?

_____

3. O ble dych chi'n dod yn wreiddiol?

_____

4. Ble dych chi'n byw – yn y wlad neu yn y dref?

_____

5. Ble mae gwraig Michael Douglas yn gweithio?

_____

Pecyn Ymarfer Cwrs Mynediad: Uned 6

Ymarfer 1

Llenwch y bylchau:

Complete the sentences:

1. Ble _____ ti'n mynd dros y penwythnos?

2. Dw _____ mynd i weld ffrindiau.

3. _____ e'n mynd i'r banc.

4. _____ chi'n mynd ma's?

5. _____ e ddim yn mynd i edrych ar y teledu.

6. _____ hi'n mynd i ymlacio?

7. _____ i'n mynd i Gaerffili.

8. Ble dych chi'n mynd _____ y gwyliau?

Ymarfer 2

Ysgrifennwch frawddeg yn ôl y llun:

Write a sentence according to the picture:

 e.e. Dw i'n mynd i siopa.
neu Mae e'n mynd i siopa.
neu Mae hi'n mynd i siopa.

 **1.** _____

 2. _____

 3. _____

 4. _____

 5. _____

 Ymarfer 3

Trowch y brawddegau hyn i'r negyddol:

Make these sentences negative:

e.e.　Dw i'n mynd i Gaerdydd > Dw i ddim yn mynd i Gaerdydd.

1.　Dw i'n mynd i'r gêm.

　　　_____

2.　Mae hi'n mynd i Dredegar.

　　　_____

3.　Mae e'n mynd i'r banc.

　　　_____

4.　Dw i'n mynd ma's.

　　　_____

5.　Mae hi'n mynd i'r sinema.

　　　_____

Ymarfer 4

Cyfieithwch:

Translate:

1. I'm going to Llanelli. _____

2. Where's he going tomorrow? _____

_____

3. And you? (chi) _____

4. Are you (ti) going shopping next week? _____

_____

5. I'm not going to the pub. _____

6. Where are you (chi) going over the weekend? _____

_____

7. She's not going for a walk. _____

8. Is he going to Cardiff? _____

9. I'm going to relax over the holidays. _____

_____

10. I'm busy tomorrow. _____

 Ymarfer 5

Beth yw'r cwestiwn?

Give the question for each of these answers:

1. _____?

Dw i'n mynd i'r dre yfory.

2. _____?

Ydw, dw i'n mynd i ymlacio dros y gwyliau.

3. _____?

Nac ydy, dyw hi ddim yn mynd i'r sinema nos yfory.

4. _____?

Nac ydw, dw i ddim yn mynd i'r banc yfory.

5. _____?

Mae hi'n mynd i'r gêm dydd Sadwrn.

Pecyn Ymarfer - Cwrs Mynediad: Uned 6

Pecyn Ymarfer Cwrs Mynediad: Uned 7

Ymarfer 1

Llenwch y bylchau:
Fill the blanks:

1. Sut _____ tywydd heddiw?

2. _____ hi'n ddiflas ddoe.

3. Gobeithio _____ hi'n braf yfory.

4. _____ hi ddim yn bwrw eira heddiw.

5. _____ hi'n bwrw glaw ddoe yn Aberystwyth?

6. _____ hi'n braf heddiw gyda chi?

Ymarfer 2

Rhowch y cwestiynau i'r atebion hyn:
Give the questions to these answers:

1. _____?

         Ydy, mae hi'n oer heddiw.

2. _____?

         Roedd hi'n niwlog ddoe.

3. _____?

         Bydd hi'n braf yfory.

4. _____?

         Nac ydy, dyw hi ddim yn bwrw glaw.

5. _____?

         Mae hi'n dwym ar y Costa del Sol.

Ymarfer 3

Cyfieithwch:
Translate:

1. (I) hope it's fine tomorrow.   _____

2. It's cold today.   _____

3. It was fine yesterday.   _____

4. It will be foggy tomorrow.   _____

5. It's better today, isn't it?   _____

6. It was worse yesterday.   _____

7. It's hailing.   _____

8. Is it raining?   _____

9. Was it wet yesterday?   _____

10. It's warm, isn't it?   _____

Ymarfer 4

Ysgrifennwch gwestiynau ac atebion yn dilyn y patrwm yma:
Write questions and answers following this pattern:

ABERYSTWYTH **DDOE**

C. Sut oedd y tywydd yn Aberystwyth ddoe?

A. Roedd hi'n braf.

BANGOR **HEDDIW**

C. Sut _____ heddiw?

A. _____

CAERDYDD **DDOE**

C.   Sut _____ ddoe?

A.   _____

Y RHYL **YFORY**

C.   Sut _____ yfory?

A.   _____

LLANGEFNI **DDOE**

C.   Sut _____ ddoe?

A.   _____

ABERTAWE **HEDDIW**

C.   Sut _____ heddiw?

A.   _____

LLANRHAEADR **YFORY**

C.   Sut _____ yfory?

A.   _____

Pecyn Ymarfer Cwrs Mynediad: Uned 8

Ymarfer 1

Ysgrifennwch frawddeg yn ôl y llun:

Write a sentence according to the picture:

 Dw i'n hoffi chwarae tennis
neu
Dw i ddim yn hoffi chwarae tennis

1. _____

_____

2. _____

_____

3. _____

_____

4. _____

_____

5. _____

_____

6. _____

_____

Ymarfer 2

Ysgrifennwch frawddegau fel hyn:

Write sentences like this:

garddio / rhedeg (fe)

Mae e'n hoffi garddio ond dyw e ddim yn hoffi rhedeg.

1. nofio / coginio (hi)

_____

_____

2. bwyta ma's / rhedeg (ni)

_____

_____

3. pysgota / canu'r piano (hi)

_____

_____

4. dawnsio / darllen (chi)

_____

_____

5. dysgu Cymraeg / chwarae golff (ni)

_____

_____

Ymarfer 3

Cyfieithwch:

Translate:

1. *Do you* (chi) *like cooking?*

_____

2. *We like eating out*

_____

3. *He doesn't like playing rugby*

_____

4. *Does she like swimming?*

_____

5. *We don't like gardening*

_____

6. *Do you* (ti) *like playing squash?*

_____

7. *What do you* (chi) *like doing in your spare time?*

_____

8. *I don't like watching football*

_____

Ymarfer 4

Llenwch y bylchau yn y ddeialog:

Fill in the blank spaces in the dialogue:

A. Beth dych chi'n hoffi wneud yn eich _____ _____?

B. Dw i'n hoffi _____ pêl-droed. Beth _____ chi?

A. Wel, dw i _____ yn hoffi pêl-droed, ond dw i'n _____ rygbi.

B. _____ Gareth yn hoffi rygbi hefyd. Ond _____ Huw ddim.

A. _____ Gareth yn hoffi pêl-droed?

B. _____, mae e'n hoffi pêl-droed. Mae e'n cefnogi Caerdydd.

Pecyn Ymarfer Cwrs Mynediad: Uned 9

Ymarfer 1

Ysgrifennwch frawddeg yn ôl y geiriau:
Write a sentence according to the prompt:

dau fab (fe)   Mae dau fab gyda fe.

1. arian (fi) _____

2. car (hi) _____

3. carafán (nhw) _____

4. teledu (ni) _____

5. cath (ti) _____

6. merch (ni) _____

Ymarfer 2

Gorffennwch:
Complete:

1. _____ dim car gyda ni.

2. _____ amser i siarad gyda chi?

3. Oes brawd _____ chi?

4. _____, mae _____ (2) frawd gyda fi.

5. Mae _____ (2) ferch gyda ni.

6. _____ ci gyda hi.

 Ymarfer 3

Cyfieithwch:

> *Translate:*

1. *Do you have children?* _____

2. *I haven't got (any) time.* _____

3. *He hasn't got (any) money.* _____

4. *Does she have a dog?* _____

5. *They've got a Fiesta.* _____

6. *We don't have a caravan.* _____

7. *They don't have children.* _____

8. *Have you got a problem?* _____

Ymarfer 4

Atebwch chi:

> *Answer according to your own situation:*

1. Oes anifeiliaid gyda chi? _____

2. Oes plant gyda chi? _____

3. Oes carafán gyda chi? _____

4. Oes dau deledu gyda chi? _____

5. Oes Ferrari gyda chi? _____

Pecyn Ymarfer Cwrs Mynediad: Uned 10

Ymarfer 1

Gorffennwch:
Complete:

1. Roedd hi'n _____ oer ddoe.

2. Ble _____ ti'n mynd i chwarae bowls?

3. _____ diddordebau gyda ti?

4. _____ e'n hoffi chwarae sboncen?

5. _____ ni ddim yn hoffi mynd i'r dre.

6. Mae Ferrari gyda fe: mae _____ o arian gyda fe!

7. Gyda _____ mae hi'n hoffi mynd i'r sinema?

8. _____ dim problemau gyda nhw.

9. Mae _____ (2) ferch gyda ni.

10. Faint o blant _____ gyda nhw?

Ymarfer 2

Atebwch:
Answer:

1. Wyt ti'n hoffi nofio? (✔) _____

2. Oedd hi'n braf ddoe (✔) _____

3. Patrick Williams dych chi? (✘) _____

4. Oes digon o amser gyda chi? (✔) _____

5. Wyt ti a Huw yn mynd ar wyliau? (✘) _____

6. Meddyg yw hi? (✔) _____

Ymarfer 3

Cyfieithwch:

Translate:

1. *It's too cold today*

_____

2. *With whom do you go swimming?*

_____

3. *He has two daughters*

_____

4. *Have you got too much work?*

_____

5. *It was too windy*

_____

6. *We don't have enough space/room*

_____

7. *Where are you going over the weekend?*

_____

8. *I haven't got any children*

_____

Ymarfer 4

Atebwch y cwestiynau gan gyfeirio at y lluniau:

Answer the questions with reference to the pictures:

1. Faint o blant sy gyda Mary a Wil?

_____

2. Faint o blant sy gyda Dewi?

_____

3. Faint o blant sy gyda Tony Williams?

_____

4. Oes tair merch gyda Eric Davies?

_____

5. Faint o blant sy gyda chi?

_____

6. Faint o blant sy gyda Dr a Mrs Mathews?

_____

 Ymarfer 5

Atebwch y cwestiynau:

Answer according to your own situation:

1. Oes diddordebau gyda ti? Beth wyt ti'n hoffi wneud yn dy amser sbâr?

_____

_____

2. Ble wyt ti'n mynd yfory?

_____

3. Faint o blant sy gyda ti?

_____

4. Sut oedd y tywydd ddoe?

_____

5. Wyt ti'n hoffi dysgu Cymraeg?

_____

Pecyn Ymarfer
Cwrs Mynediad:
Uned 11

 Ymarfer 1

Gorffennwch:

1. Beth yw enw _____ dad di?

2. Ble mae _____ chwaer chi'n byw?

3. Colin yw enw _____ mrawd i.

4. Rover yw mêc dy _____ di?

5. Pwy yw dy _____ di? (*doctor*)

6. Dych chi'n nabod fy _____ i? (*cefnder*)

 Ymarfer 2

Dilynwch y patrwm:
> *Follow the pattern:*

    cyfnither   fy **ngh**yfnither i

1. plant   fy _____

2. cefnder _____

3. brawd _____

4. ci   _____

5. doctor _____

6. tad-cu _____

7. gŵr   _____

8. gwraig _____

Ymarfer 3

Defnyddiwch 'dy' yn lle 'eich' yn y cwestiynau hyn:
> *Use 'dy' instead of 'eich' in these questions:*

e.e.   Beth yw enw eich brawd chi? > Beth yw enw **dy** frawd di?

1.   Beth yw mêc eich car chi? _____

2.   Ble mae eich mab chi'n byw? _____

3.   Beth yw rhif eich tŷ chi? _____

4.   Beth yw enw eich gŵr chi? _____

5.   Pwy yw eich cyfnither chi? _____

Ymarfer 4

Cyfieithwch:

Translate:

1. My brother's name is Clive. _____

2. What make is your car? *(dy)* _____

3. Who's she? - My partner. _____

4. I know Graham Morgan. _____

5. My doctor's name is Dr Jones. _____

6. What was your grandmother's name? *(eich)*

_____

Ymarfer 5

Dyma'r atebion - beth yw'r cwestiynau? Defnyddiwch 'dy' ac 'eich' bob yn ail.

These are the answers - what are the questions? Use 'dy' and 'eich' alternately.

1. _____? John yw enw fy mab i.

2. _____? Mae fy mrawd i'n byw yn y Drenewydd.

3. _____? Toyota yw mêc fy nghar i.

4. _____? Brian oedd enw fy nhad-cu i.

5. _____? Mr Jones yw enw fy nghymydog i.

Ymarfer 6

Ysgrifennwch baragraff byr amdanoch chi eich hunan.

Write a short paragraph about yourself.

e.e.

Karen dw i. Dw i'n byw yng Nghrymych gyda fy mhartner i. Margaret yw enw fy mam i a Derek yw enw fy nhad i. Mae fy chwaer i'n byw yng Nghaerdydd ac mae fy mrawd i'n byw yn Canada. Mae ci gyda fi. Rex yw enw fy nghi i.

Pecyn Ymarfer Cwrs Mynediad: Uned 12

Ymarfer 1

Gorffennwch:

1. Beth yw enw ei chefnder _____ ?

2. Pwy yw ei _____ e? (*wife*)

3. Mae hi'n _____ oed. (4)

4. Wyt ti'n nabod ei _____ hi? (*father*)

5. Dw i ddim yn nabod ei _____ e. (*brother*)

6. Beth yw ei _____ hi? (*age*)

Ymarfer 2

Defnyddiwch 'ei _____ e' yn lle 'ei_____ hi' yn y cwestiynau hyn:
   Use 'ei _____ e' instead of 'ei _____ hi' in these questions:

e.e.   Beth yw enw ei brawd hi? > Beth yw enw **ei frawd** e?

1. Beth yw mêc ei char hi?

   _____

2. Ble mae ei mab hi'n byw?

   _____

3. Beth yw rhif ei thŷ hi?

   _____

4. Beth yw enw ei chariad hi?

   _____

5. Beth yw oedran ei mab hi?

   _____

Ymarfer 3

Cyfieithwch:

Translate:

1. Her keys are on the television.

_____

2. His camera is under the chair.

_____

3. Her paper is on the armchair.

_____

4. His keys are in his pocket.

_____

5. His daughter is four.

_____

6. Her son is a year old.

_____

Ymarfer 4

Anagramau

1. sdwr

2. ddaweill

_____ _____

3. wrps

4. eluted

_____ _____

5. riadac chaifrieu

_____

Pecyn Ymarfer Cwrs Mynediad: Uned 13

Ymarfer 1

Gorffennwch:

1. Mae hi'n bump _____.

2. Faint o'r gloch _____ hi?

3. Dw i'n darllen y papur am _____ o'r gloch. (2)

4. _____ nhw'n cael swper am bum _____ i wyth.

5. Dyn ni'n mynd i'r gwaith am bum munud ar _____ i naw.

6. _____ dych chi'n mynd i'r gwely fel arfer?

Ymarfer 2

Ysgrifennwch yr amser o dan y clociau:

Write the times underneath the clocks, e.e. dau o'r gloch:

_____ _____ _____

_____ _____ _____

_____ _____ _____

Ymarfer 3

Cyfieithwch:
Translate:

1. You're late. _____

2. Not to worry. _____

3. I'm sorry. _____

4. I'm usually early. _____

5. Excuse me. _____

Ymarfer 4

Atebwch y cwestiynau:
Answer the questions:

1. Am faint o'r gloch dych chi'n codi fel arfer?

_____

2. Pryd dych chi'n mynd i'r gwaith?

_____

3. Am faint o'r gloch dych chi'n edrych ar y newyddion ar y teledu?

_____

4. Pryd dych chi'n cael swper?

_____

5. Pryd dych chi'n mynd i'r gwely?

_____

Pecyn Ymarfer Cwrs Mynediad: Uned 14

Ymarfer 1

Gorffennwch:

1. _____ i ddim i'r dre ddoe.

2. Beth _____ ti i frecwast ddoe?

3. Sut _____ ti yma?

4. Ges i _____ i ginio ddoe.

5. _____ chi hwyl?

6. Ges i _____ i frecwast. (*toast*)

Ymarfer 2

Dyma'r cwestiwn - beth yw'r ateb?
Give the question to each of these answers:

1. _____?
Es i i'r dre ddoe.

2. _____?
Ges i ddim byd yn y dafarn.

3. _____?
Des i yma yn y car.

4. _____?
Es i i Lerpwl dydd Sadwrn.

5. _____?
Ges i frechdan i ginio.

Ymarfer 3

Cyfieithwch:

Translate:

1. I had beer.

   _____

2. I went to Caernarfon yesterday.

   _____

3. I didn't go anywhere interesting.

   _____

4. What did you have to eat?

   _____

5. I'm your wife!

   _____

6. Then I had lunch with John.

   _____

7. I didn't go shopping.

   _____

8. Where did you (*ti*) go last night?

   _____

9. I came by train.

   _____

10. I didn't go by bus.

   _____

Ymarfer 4

Atebwch y cwestiynau;

Answer the questions;
keep the answers simple!

1. Ble aethoch chi ddoe?

   _____

   _____

2. Beth gaethoch chi i swper neithiwr?

   _____

   _____

3. Beth wnaethoch chi prynhawn ddoe?

   _____

   _____

4. Beth gaethoch chi i ginio?

   _____

   _____

5. Sut daethoch chi i'r dosbarth?

   _____

   _____

Pecyn Ymarfer Cwrs Mynediad: Uned 15

Ymarfer 1

Gorffennwch:

1. Bryn yw enw fy _____ i. (*male cousin*)

2. Mae hi'n _____ o'r gloch. (*4*)

3. Dych chi'n nabod ei _____ hi? (*father*)

4. Mae ei _____ e'n byw yn y dre. (*brother*)

5. _____ i ddim brecwast ddoe.

6. Ble _____ chi ar eich gwyliau?

7. Ble est ti ar _____ wyliau?

8. _____ o'r gloch yw hi nawr?

9. _____ mae Eastenders ar y teledu?

10. _____ i nôl mewn tacsi. (*dod*)

Ymarfer 2

Atebwch Yes/No yn Gymraeg:
Answer Yes/No in Welsh:

1. Gest ti hwyl?

_____

_____

2. Wyt ti'n mynd i'r gwely'n gynnar?

_____

_____

3. Ydy'r postmon yn dod am wyth o'r gloch?

_____

_____

4. Ddest ti i'r dosbarth mewn car?

_____

_____

5. Oedd hi'n braf ddoe?

_____

_____

6. Wyt ti'n hoffi dysgu Cymraeg?

_____

Ymarfer 3

Cyfieithwch:

Translate:

1. The postman comes about half past nine.

_____

_____

2. It's ten to twelve.

_____

3. I go to bed around eleven.

_____

4. Why did you go to town?

_____

5. I don't know his mother.

_____

6. What's the make of his car?

_____

7. Who's he?

_____

8. I came by car.

_____

9. I had tea at a quarter past four.

_____

10. Where did you go last night?

_____

 Ymarfer 4

Atebwch y cwestiynau:

Answer the questions, sticking to what you know in Welsh!

1. Ble aethoch chi ar eich gwyliau y llynedd?

_____

_____

2. Sut aethoch chi ar eich gwyliau?

_____

_____

3. Gyda phwy aethoch chi ar eich gwyliau?

_____

_____

4. Beth gaethoch chi i fwyta ar eich gwyliau?

_____

_____

5. Sut oedd y tywydd?

_____

_____

 Ymarfer 5

Search for the months of the year:

Misoedd y flwyddyn

Ionawr	Gorffennaf
Chwefror	Awst
Mawrth	Medi
Ebrill	Hydref
Mai	Tachwedd
Mehefin	Rhagfyr

S	Ch	O	M	Th	E	I	P	T	Th	R	Y	O	Y
B	E	W	R	U	O	A	Y	S	P	Y	M	P	W
W	C	W	E	N	E	B	R	I	Ll	F	E	T	O
S	A	C	A	F	E	R	D	Y	H	G	D	Ph	M
M	D	W	Dd	Y	R	Th	F	O	Ff	A	I	Y	E
T	R	I	W	E	N	O	E	U	W	Rh	Ff	G	H
E	M	O	N	G	W	U	R	P	C	S	N	O	E
Ch	Rh	Ch	A	U	D	Ch	Dd	A	B	N	I	Ng	F
G	O	R	Ff	E	N	N	A	F	W	M	P	G	I
A	B	F	T	U	Ng	C	P	T	A	S	Rh	O	N
S	E	Ph	I	N	E	O	C	I	O	Ph	T	R	T

Pecyn Ymarfer Cwrs Mynediad: Uned 16

Ymarfer 1

Gorffennwch:

1. _____ e i'r dre echdoe.

2. Beth _____ hi i yfed?

3. _____ e ddim byd i fwyta.

4. _____ e ei frawd. (*phoned*)

5. _____ e neb. (*saw*)

6. Ysgrifennodd e _____ (*a letter*)

7. Gaeth e dost a _____ i frecwast. (*tea*)

8. Pryd _____ e nôl o'r gwyliau? (*came*)

Ymarfer 2

Cysylltwch y cwestiwn yng ngholofn A â'r ateb cywir yng ngholofn B:

Link the question in column A to the correct answer in column B:

A	B
1. Beth gaeth e i'w fwyta?	a. Naddo, daeth e'n gynnar.
2. Gaeth hi bwdin?	b. Aeth e i'r dafarn echnos.
3. Ddaeth e'n hwyr i'r dosbarth?	c. Naddo, gaeth e ddim hwyl.
4. Welodd hi John?	ch. Do, darllenodd hi lyfr nos Lun.
5. Ble aeth e echnos?	d. Naddo, gaeth hi ddim pwdin.
6. Aeth hi i'r sinema?	dd. Do, gwelodd hi John.
7. Gaeth e hwyl?	e. Naddo, aeth hi ddim i'r sinema.
8. Ddarllenodd hi lyfr nos Lun?	f. Gaeth e gawl i'w fwyta.

Ymarfer 3

Trowch y gosodiadau hyn yn gwestiynau, gan gofio'r treiglad meddal:

Turn these statements into questions, remembering the soft mutation:

e.e.   Gwelodd e Mair
    > Welodd e Mair?

1. Daeth e i'r dosbarth yn hwyr eto.

_____

2. Prynodd hi lawer o ddillad.

_____

3. Prynodd hi gyw iâr yn Safeway.

_____

4. Collodd hi'r ffordd.

_____

5. Ysgrifennodd hi lythyr at ei ffrind.

_____

Ymarfer 4

Cyfieithwch:

Translate:

1. He came back the day before yesterday.

_____

_____

2. He didn't have a coffee.

_____

3. He went to the pub on Friday night.

_____

4. She didn't go to town.

_____

5. When did he phone Siân?

_____

6. He had toast and coffee for breakfast.

_____

7. Did he see a film on Saturday night?

_____

8. She read all day.

 Ymarfer 5

Yn y darn yma mae Siân yn disgrifio beth wnaeth hi nos Wener.
Darllenwch y darn ac ateb y cwestiynau wedyn:

In the following paragraph Siân describes what she did on Friday night.
Read the paragraph and then answer the questions:

Nos Wener
Nos Wener, es i gyda Geraint, fy mrawd i, i'r sinema i weld y ffilm *The Ark*. Aeth fy mrawd i adre i Abertawe am ddeg o'r gloch. Wedyn es i i'r Royal Oak, tafarn yng nghanol y dre. Ges i ddau fodca yn y dafarn ac yna gwelais i Ifan, ffrind o'r gwaith. Es i ac Ifan i La Trattoria i gael bwyd. Gaeth Ifan *Pizza Quatro Fromaggio*. Ges i *Penne a la Carbonara*. Blasus iawn!

1. Beth yw enw brawd Siân? _____

2. Beth welodd hi yn y sinema? _____

3. Ble mae ei brawd hi'n byw? _____

4. Ble aeth Siân wedyn? _____

5. Beth gaeth hi i'w yfed? _____

6. Pwy welodd hi yn y dafarn? _____

7. Beth gaeth hi i'w fwyta yn La Trattoria? _____

_____

Pecyn Ymarfer Cwrs Mynediad: Uned 17

Ymarfer 1

Gorffennwch:

1. Cyn _____ fe fynd, gaeth e gawod.

2. Ar ôl _____ nhw fynd, ffoniais i fy ffrind.

3. Dw i'n mynd i edrych ar y teledu cyn _____ ni fynd i'r gwely.

4. Cyn _____ hi gael brecwast, gwisgodd hi.

5. Ar ôl i fi _____ ffoniais i am dacsi. (*arrived*)

6. Ysgrifennoch chi lythyr ar ôl i chi _____. (*heard*)

7. Golchodd e'r llestri ar ôl iddyn nhw _____. (*ate*)

8. Ar ôl iddo fe _____, dw i'n mynd i nofio. (*goes*)

Ymarfer 2

Atebwch y cwestiynau, gan ddefnyddio *cyn i fi / ar ôl i fi...*
*Answer the questions, using **cyn i fi / ar ôl i fi...***

1. Pryd dysgoch chi yrru car?

   _____

2. Pryd symudoch chi o gartre?

   _____

3. Pryd dych chi'n mynd adre?

   _____

4. Pryd aethoch chi i'r gwely neithiwr?

   _____

5. Pryd dych chi'n mynd ar wyliau?

   _____

Ymarfer 3

Ysgrifennwch frawddegau olynol gan ddefnyddio'r geiriau hyn:

Write sequential sentences using these words:

codi'n hwyr

cael brecwast

darllen y papur

mynd i siopa

cael cinio

golchi'r llestri

mynd am dro

edrych ar y teledu

mynd i'r gwely

Dechreuwch fel hyn/*Start like this*: Codais i'n hwyr. Ar ôl i fi godi'n hwyr, ges i frecwast...

_____

_____

_____

_____

_____

_____

_____

_____

_____

_____

_____

_____

_____

_____

_____

Pecyn Ymarfer Cwrs Mynediad: Uned 18

Ymarfer 1

Gorffennwch:

1. Rhaid _____ hi ddweud.

2. Rhaid i ti _____ bod yn hwyr.

3. _____ dim rhaid iddo fe _____. (*complain*)

4. _____ rhaid i ti ddweud wrth Huw? _____ (✓)

5. Rhaid _____ nhw beidio anghofio.

6. Does _____ rhaid i fi fynd.

7. Rhaid _____ Branwen ddod i'r dosbarth.

8. Rhaid iddo fe beidio _____ dosbarth (*miss*)

Ymarfer 2

Atebwch y cwestiynau. Cofiwch ateb yn llawn, a defnyddio 'Oes / Nac oes' os oes eisiau.
Answer the questions. Remember to answer in full, using 'Oes / Nac oes' if necessary.

1. Oes rhaid i chi weithio yfory?

    _____

2. Beth mae'n rhaid i chi wneud dros y penwythnos?

    _____

3. Beth mae'n rhaid i'ch gŵr / gwraig / partner / ffrind wneud?

    _____

4. Oes rhaid i chi godi'n gynnar yfory?

    _____

5. Oes rhaid i chi siopa bwyd yfory?

    _____

Ymarfer 3

Ysgrifennwch frawddegau o dan yr arwyddion hyn i egluro beth maen nhw'n feddwl:

Write sentences under these signs to explain what they mean:

Rhaid i chi beidio gyrru'n gyflym

Rhaid i chi wisgo menig

Pecyn Ymarfer Cwrs Mynediad: Uned 19

Ymarfer 1

Gorffennwch:

1. Trowch _____ dde.

2. Mae'r garej _____ bwys y ganolfan hamdden

3. Trowch gyferbyn _____ siop ddillad.

4. _____ troi i'r chwith. (✗ - *chi*)

5. _____ dy frawd di. (*phone - ti*)

6. _____ yn syth ymlaen.

7. _____ mynd i'r dre. (✗ - *ti*)

8. Cerwch heibio _____ ganolfan hamdden.

Ymarfer 2

Cyfieithwch:

1. Post the letter. (*chi*)

_____

2. Don't go. (*chi*)

_____

3. Phone your brother. (*ti*)

_____

4. Go up the hill. (*chi*)

_____

5. Don't look. (*ti*)

_____

6. Turn to the right by the lights. (*chi*)

_____

_____

Ymarfer 3

Ysgrifennwch gyfarwyddiadau *(instructions)* **sut i gyrraedd y lleoedd** *(places)* **hyn o'r** *(from the)* **Maes Parcio:**

Parc	Y Llew Aur	Canolfan Hamdden

cylchdro　　Heol Derwen Fawr

Heol y Felin　　Banc　　Heol y Parc　　Neuadd y Dre

Sinema　　Theatr

Y Stryd Fawr　　Maes Parcio

Y Llew Aur (*The Golden Lion*) _____

_____

_____

_____

Y Banc _____

_____

_____

_____

Y Ganolfan Hamdden _____

_____

_____

Pecyn Ymarfer Cwrs Mynediad: Uned 20

Ymarfer 1

Llenwch y bylchau yn y deialogau hyn gan ddefnyddio'r geiriau yn y blwch wrth ymyl pob un:

Fill in the blanks in these dialogues using the words in the boxes next to each one:

Deialog 1:

A: Beth wnaeth Gerwyn neithiwr, _____ ôl mynd adre o'r gwaith?

B: Wel, ar ôl _____ fe gael swper, _____ e i'r sinema.

A: Beth _____ e wedyn?

B: _____ e beint yn y bar, ac yna mynd adre.

A: Oes _____ iddo fe fynd i Fangor fory?

B: Nac oes, _____ dim rhaid iddo fe fynd nawr, diolch byth.

Ond rhaid iddo fe _____ i Lundain wythnos nesa.

A: Wel, rhaid iddo fe _____ gwneud gormod.

wnaeth
beidio
ar
rhaid
does
aeth
iddo
gaeth
fynd

Deialog 2:

A: Tudur? Ble wyt ti? _____ 'ma!

B: Iawn, Lowri, cariad.

A: _____ i weithio yn yr ardd bore 'ma ar ôl i ti _____ dy frecwast.

B: Iawn, Lowri, cariad.

A: Wedyn, _____ ffenestri.

B: Iawn, Lowri, cariad.

A: _____ i ti gael cinio, _____'r dillad ar y lein.

B: Iawn, Lowri, cariad.

A: Ac ar ôl i ti gael cinio, _____'r lawnt.

B: Iawn, Lowri, cariad.

A: Tudur?

B: Beth, Lowri, cariad?

A: _____ cwyno!

golcha'r
dere
rho
gael
torra
paid
cyn
cer

Ymarfer 2

Cyfieithwch:

1. I don't have to go.

_____

2. I went to work after he had breakfast.

_____

_____

3. Do you have to complain? (*ti*)

_____

_____

4. Don't say. (*chi*)

_____

5. We mustn't eat too much.

_____

_____

6. Read the book! (*ti*)

_____

7. After I went, he had lunch.

_____

_____

8. After we eat, we must leave.

_____

_____

9. He doesn't have to come.

_____

10. Go! (*Ti*)

_____

CAEL	SIARAD
CYSGU	SIOPA
GLANHAU	SMWDDIO
GOLCHI	TORRI
GWNEUD	TROI
POENI	YSMYGU

Ymarfer 3

Ysgrifennwch gwestiynau i'r atebion yma:
Write questions for these answers:

1. _____

_____

Do.

2. _____

_____

Oes.

3. _____

_____

Nac ydw.

4. _____

_____

Ydy.

5. _____

_____

Nac oes.

Ymarfer 4

Chwilair Berfau

G	I	A	Q	M	M	S	W	T	D	M	Z	J	P	D
M	O	O	B	V	I	O	E	E	A	L	D	Z	A	I
Q	O	Dd	R	O	Q	A	Z	U	R	E	J	C	A	D
V	X	S	P	T	B	N	S	B	A	A	U	D	U	U
D	A	A	U	G	Y	M	S	Y	I	C	L	E	D	Q
C	T	T	O	R	R	I	R	R	S	F	N	W	G	O
D	T	Z	Q	F	S	C	W	V	L	W	X	O	V	D
X	P	D	L	N	K	Y	P	Y	G	K	A	H	J	A
O	N	Y	D	W	Q	S	Q	O	D	U	G	I	P	P
S	I	A	N	G	Y	G	B	J	E	L	X	Q	J	O
E	L	Dd	G	F	O	U	N	P	A	N	S	Q	R	F
Q	P	X	W	P	S	A	Y	N	R	F	I	X	K	Y
M	Y	X	A	M	X	Y	H	K	I	Ch	L	O	G	E
U	T	Ch	D	U	S	A	B	H	L	O	X	N	R	L
A	E	B	Q	R	U	Z	O	L	P	G	U	Z	L	T

Pecyn Ymarfer Cwrs Mynediad: Uned 21

Ymarfer 1

Gorffennwch y brawddegau gan ddefnyddio'r ansoddeiriau hyn:

Complete the sentences using these adjectives:

diddorol, diflas, da, gwych, grêt, cas, tal, pert

1. Mae edrych ar y teledu yn _____
2. Mae mynd i'r sinema yn _____
3. Ydy e'n _____?
4. Dyw hi ddim yn _____
5. Mae edrych ar bêl-droed yn _____
6. Mae darllen llyfrau yn _____
7. Mae'r dosbarth Cymraeg yn _____

Ymarfer 2

Gofynnwch y cwestiwn bob tro.

Ask the question every time.

1. _____?

    Nac ydy, dyw e ddim yn gas.

2. _____?

    Mae 'War and Peace' yn ddiddorol iawn.

3. _____?

    Ydy, mae e'n dalentog.

4. _____

    _____?

    Nac ydy, dyw Mair ddim yn dal.

Ymarfer 3

Cyfieithwch:

1. It's red.

    _____

2. It's really blue. (*Repeat the adjective.*)

    _____

3. It's red, blue and green.

    _____

4. What do you think of the Welsh class?

    _____

    _____

5. Is it interesting?

    _____

6. Megan is tall and slim.

    _____

7. He's not nasty, he's nice.

    _____

    _____

8. It was boring.

    _____

Pecyn Ymarfer Cwrs Mynediad: Uned 22

Ymarfer 1

Atebwch:

Answer 'Yes / No':

1. Ga' i ofyn cwestiwn? _____ (✓ *ti*)

2. Ga' i goffi? _____ (✗ *chi*)

3. Dych chi eisiau benthyg beiro? _____ (✓)

4. Ga' i ddarllen y papur? _____ (✗ *ti*)

5. Wyt ti eisiau mynd am dro? _____ (✗)

6. Ga' i baned o de? _____ (✓ *chi*)

Ymarfer 2

Gofynnwch am y pethau hyn, gan ddefnyddio 'Ga' i _____?' Cofiwch y TREIGLAD!

Ask for these things, using 'Ga' i _____?' Remember the MUTATION!

_____?

_____?

_____?

_____?

_____?

Ymarfer 3

Ysgrifennwch gwestiynau fel hyn:

Write questions like this:

Dych chi eisiau darllen y papur?

_____?

_____?

_____?

_____?

Ymarfer 4

Edrychwch ar y fwydlen yn y llyfr cwrs eto.

Ysgrifennwch 3 brawddeg: **Dw i eisiau** _____ a 2 frawddeg **Dw i ddim eisiau** _____

Look at the menu in the course book again. Write 3 sentences using the pattern:

Dw i eisiau *and 2 sentences using the pattern:* Dw i ddim eisiau.

1. _____?

2. _____?

3. _____?

4. _____?

5. _____?

Pecyn Ymarfer Cwrs Mynediad: Uned 23

Ymarfer 1

Gorffennwch:

1. Faint yw'r cwrw?

Dwy bunt _____ (*a pint*)

2. Faint yw'r tomatos?

_____ y pwys. (*70c*)

3. Faint yw'r tocynnau?

_____ (*£5 each*)

4. _____?

Pedair punt y botel.

5. Faint yw'r sgert?

_____ (*£20*)

6. _____ yw'r losin?

Pum deg ceiniog y _____

Ymarfer 2

Ysgrifennwch y siec yn ôl
y manylion bob tro.

> *Write the cheque according
> to the details each time.*

1. Siop Lyfrau'r Cwm
- £5.95 – 30 September 2005

> **Banc y Ceffyl Gwyn** _____
>
> TALER
> Pay
>
> £

2. E. Daniels - £15.60 - 4 April 2006

> **Banc y Ceffyl Gwyn** _____
>
> TALER
> Pay
>
> £

3. H. ap Gwynn - £30.00 - 25 June 2007

> **Banc y Ceffyl Gwyn** _____
>
> TALER
> Pay
>
> £

4. Siân Wyn - £68.50 - 17 November 2006

> **Banc y Ceffyl Gwyn** _____
>
> TALER
> Pay
>
> £

Ymarfer 3

Dyma gatalog Siop y Llan eto.
Ysgrifennwch y prisiau mewn geiriau.

> *This is the Sop y Llan catalogue again.
> Write out the prices in words.*

Cylchgrawn 60c _____

Cardiau pen-blwydd £3.99 _____

Dyddiadur desg £5.99 _____

Y Geiriadur £40.00 _____

Pot Coffi £22.50 _____

Bwrdd Coffi £75.00 _____

'Y Mynyddoedd' (llun) £250.00 _____

Llwy garu arian £39.95 _____

Pecyn Ymarfer
Cwrs Mynediad:
Uned 24

 Ymarfer 1

Gorffennwch:

1. Beth sy'n bod _____ chi?

2. _____ chi'n dost?

3. Mae peswch _____ i.

4. Mae bola tost _____ fe.

5. Beth _____ *hip* yn Gymraeg?

6. _____ pen tost gyda chi?

7. _____ dim ffliw arno fe.

8. Mae'n flin _____ fi.

 Ymarfer 2

Ysgrifennwch frawddegau i ddweud beth sy'n bod arnoch chi.

Write sentences to say what's the matter with you.

 Mae gwres arna i.

 _____
_____

 _____
_____

 _____
_____

 _____
_____

 _____
_____

 Ymarfer 3

Cyfieithwch:

1. Have you got a headache?

_____

2. Slowly, please.

_____

3. He's got a bad back.

_____

4. Am I right?

_____

5. I haven't got a temperature.

_____

6. I'm sorry, I don't understand.

_____

7. He's got a cough.

_____

8. I don't know how to say that in Welsh.

_____

Defnyddio'r Geiriadur

Gwnewch y tasgau hyn gan ddefnyddio geiriadur fel *The Welsh Learner's Dictionary*, Heini Gruffudd, (Y Lolfa) neu *Gair i Gall* (Acen).

Complete the following tasks using a dictionary such as those listed above.

 Ymarfer 4

Chwiliwch am luosog y geiriau hyn:

Look for the plural forms of these words:

1. siop   _____

2. cadair   _____

3. athro   _____

4. beic   _____

5. bocs   _____

6. cartref   _____

7. mis   _____

8. pêl   _____

 Ymarfer 5

Chwiliwch am ystyr y geiriau hyn yn Saesneg:

Look for the meanings of these words in English:

1. hyderus   _____

2. chwit-chwat   _____

3. cyfrinach   _____

4. ymddwyn   _____

5. pêl-bluen   _____

 Ymarfer 6

Chwiliwch am ystyr y geiriau hyn yn Gymraeg:

Look for the meanings of these words in Welsh:

1. inexpensive   _____

2. to disappoint   _____

3. between   _____

4. agile   _____

5. to wander   _____

Pecyn Ymarfer Cwrs Mynediad: Uned 25

 Ymarfer 1

Llenwch y bylchau - un gair sydd eisiau bob tro.

*Fill the blanks - you only need **one** word each time.*

1. Ga' i fenthyg beiro? _____ (✔)

2. Pris y tocyn yw pum _____ naw deg ceiniog.

3. Dw i'n cael swper _____ saith o'r gloch.

4. Roedd hi'n _____ ddoe.

5. Wyt ti eisiau _____ o goffi?

6. Faint _____ llyfr?

7. Dw i'n gweithio _____ swyddfa.

8. _____ pen tost gyda chi?

9. Ges i _____ i ginio.

10. _____ dim car gyda fi.

11. Est ti i'r dre ddoe? _____ (✗)

12. Mae hi'n hanner _____ wedi pump. *(5.30)*

 Ymarfer 2

Llenwch y ffurflen, yna ysgrifennwch siec am y nwydd(au) dych chi'n archebu.

Fill the form, then write a cheque for the goods (one or more shirts) you are ordering.

Crys Chwys

Dim ond £22.50 yr un

Ar gael mewn 3 maint:
Bach: 32 - 34
Canolig: 34 - 36
Mawr: 38 - 40

Sieciau at: A. Davies, Crysau Chwys Nedd, Ystad Ddiwydiannol Mynachlog Nedd, Castell-nedd, SA11 8JP

Enw: _____

Cyfeiriad: _____

_____

Rhif ffôn: _____

Nifer	Maint	Pris yr un	Cyfanswm
		Cyfanswm:	

Rwy'n anfon siec am £_____
(Taler: A. Davies)

Banc y Ceffyl Gwyn _____

TALER
Pay _____ | | £ _____

Ymarfer 3

Ysgrifennu Cerdyn Post

Ysgrifennwch gerdyn post yn cynnwys y geiriau isod i gyd.

Does dim rhaid iddyn nhw fod yn y drefn yma. Ysgrifennwch tua 30 gair.

Write a postcard and include all these words.

They don't have to be in this order. Write about 30 words.

yfory	ddoe	Gogledd Cymru	gwyntog	mynd

Annwyl Mai,

_____

_____

_____

_____

_____

_____

_____

Pob hwyl,

_____

CERDYN POST

Mai Huws

5 Lôn yr Harbwr

ABERGWAUN

SA65 1HJ

Pecyn Ymarfer – Cwrs Mynediad: Uned 25

Pecyn Ymarfer Cwrs Mynediad: Uned 26

Ymarfer 1

Llenwch y bylchau:

1. _____ gwallt tywyll gyda fe?

2. _____ ystafell wely _____ gyda chi?

3. Mae sbectol _____ hi.

4. _____ e'n foel?

5. Mae hi'n _____ (*short*)

6. Beth _____ lliw ei wallt e?

Ymarfer 2

Cyfieithwch:

1. He's got a beard.

_____

2. She's got fair hair.

_____

3. What's the colour of her eyes?

_____

4. Have you got a big garden?

_____

5. He hasn't got a moustache.

_____

_____

6. How many bathrooms have you got?

_____

Ymarfer 3

Darllenwch y darn yma, yna ysgrifennwch frawddegau tebyg am eich cartref chi.

> *Read this piece, then write similar sentences about your home.*

Dw i'n byw mewn fflat yng nghanol y dre. Mae'r fflat yn eithaf mawr. Mae dwy ystafell wely, lolfa fawr ac ystafell fwyta fach gyda fi. Mae un ystafell ymolchi gyda fi hefyd. Mae'r gegin yn hyfryd; mae hi'n fodern iawn. Does dim gardd na garej gyda fi, ond mae lle parcio gyda fi.

_____

_____

_____

_____

_____

_____

_____

_____

_____

_____

_____

_____

Pecyn Ymarfer Cwrs Mynediad: Uned

27

 Ymarfer 1

Llenwch y bylchau:

1. Pa mor _____ dych chi'n bwyta ma's?

2. Dw i'n mynd i'r sinema _____ y mis (*once*)

3. Mae e'n golchi'r car _____ (*sometimes*)

4. _____ e byth yn glanhau'r tŷ.

5. _____ ni'n gallu chwarae tenis.

6. Dw i _____ yn gallu siarad Sbaeneg.

7. Pa _____ aml mae hi'n mynd i sgïo?

8. Dw i ddim yn _____ diodde ffilmiau.

Ymarfer 2

Beth yw'r cwestiynau?

1. _____
Nac ydw, dw i ddim yn gallu siarad Ffrangeg.

2. _____
Dw i'n golchi'r car bob wythnos.

3. _____
Ydy, mae e'n gallu canu'r piano'n dda iawn.

4. _____
Dyw hi byth yn mynd i'r llyfrgell.

5. _____
Nac ydyn, dyn ni ddim yn gallu tynnu llun.

Ymarfer 3

Ysgrifennwch frawddegau fel hyn:

  fi
Dw i'n gallu nofio ond dw i ddim yn gallu coginio.

  fe
Mae e'n gallu canu'r piano ond dyw e ddim yn gallu siarad Sbaeneg.

  ni
_____

  chi
_____

  hi
_____

  nhw
_____

 Ymarfer 4

Beth amdanoch chi?

Ysgrifennwch frawddegau i ddweud beth dych chi'n
gallu wneud a beth dych chi ddim yn gallu wneud.
    Write sentences to say what you can and can't do.

_____

_____

_____

Pa mor aml dych chi'n mynd ar y trên? (Rhowch frawddeg lawn - *Write a full sentence*)

_____

Pa mor aml dych chi'n mynd i'r sinema? (Rhowch frawddeg lawn - *Write a full sentence*)

_____

Pecyn Ymarfer
Cwrs Mynediad:
Uned 28

 Ymarfer 1

Ysgrifennwch gerdyn post gan ddefnyddio'r geiriau yma.
Defnyddiwch frawddegau dych chi'n eu gwybod!

Write a postcard using these words.
Use sentences that you know!

braf   **gwesty**   **bwyd**   **ddoe**   **yfory**

CERDYN POST

Awst 2005

Annwyl Mair,

_____

_____

_____

_____

_____

_____

_____

Pob hwyl,

_____

Mair Jones

1, Cae Glas

Bryn Glas

ABERTAWE

SA5 7LN

Ymarfer 2

Cyfieithwch y parau brawddegau yma:

Translate these pairs of sentences :

1.1 I went to Tenerife. _____

1.2 I have been to Tenerife. _____

2.1 I saw the film. _____

2.2. I have seen the film. _____

3.1 I have arrived in Lanzarote. _____

3.2 I arrived in Lanzarote. _____

4.1 I read the paper. _____

4.2 I have read the paper. _____

 Ymarfer 3

Cyfieithwch y cerdyn post hwn:

Translate this postcard:

Dear Ann,
I've arrived! The train was late, but everything's fine now. I went to see Miss Saigon last night -
terrible! It was very expensive as well. See you next week.

Annwyl Ann,

CERDYN POST

_____

_____

_____

_____

_____

_____

_____

_____

_____

Ann Jones

Tanyreglwys

Cwm Aber

LL35 2DU

Pecyn Ymarfer - Cwrs Mynediad: Uned 28

Pecyn Ymarfer Cwrs Mynediad: Uned 29

Ymarfer 1

Llenwch y bylchau:

1. Pryd _____ di nôl?

2. _____ i'n hwyr nos yfory.

3. _____ chi'n mynd i Sbaen yn yr haf?

4. _____ Mrs Jones ar gael yfory.

5. Fyddi _____ 'n mynd i'r dre?

6. Sut _____ nhw'n mynd ar wyliau?

7. _____ ni'n gweithio wythnos nesa.

8. Fydd _____ yn dod i'r parti, 'te?

Ymarfer 2

Atebwch: Bydda/Na fydda *neu* Bydd/Na fydd

1. Fyddi di yn y gwaith yfory?

_____ (✓)

2. Fydd hi'n braf dydd Sadwrn?

_____ (✗)

3. Fyddwch chi gartre nos Wener?

_____ (✗)

4. Fyddi di'n mynd ar y trip?

_____ (✓)

5. Fydd e'n dod gyda ni?

_____ (✓)

Ymarfer 3

Trowch y brawddegau i'r negyddol:

Make these sentences negative ones:

e.e. Bydda i'n mynd > **Fydda** i **ddim** yn mynd.

1. Byddwch chi'n mynd i siopa dydd Sadwrn.

_____

_____

2. Bydd hi'n mynd ar y trên.

_____

3. Byddan nhw'n mwynhau.

_____

4. Byddwn ni'n cael hwyl.

_____

5. Bydda i yn y gwaith yfory.

_____

Ymarfer 4

Atebwch y cwestiynau:

1. Ble byddwch chi prynhawn dydd Sadwrn?

_____

_____

2. Faint o'r gloch byddwch chi gartre heno?

_____

_____

3. Fyddwch chi yn y dosbarth wythnos nesa?

_____

_____

4. Beth fyddwch chi'n wneud dros
y penwythnos? _____

5. Pryd byddwch chi'n mynd ar wyliau?

_____

_____

Pecyn Ymarfer Cwrs Mynediad: Uned 30

Ymarfer 1

**Llenwch y bylchau -
un gair sydd eisiau bob tro.**

*Fill in the blanks - you only
need **one** word each time.*

1. Est ti i'r dre ddoe? _____ (✓)

2. _____ hi ddim yn gallu nofio.

3. _____ gwallt golau gyda fe?

4. Bydd hi'n _____ yfory.

5. Wyt ti'n gallu teipio? _____ (✗)

6. Bydd y cyngerdd yn dechrau _____
   wyth o'r gloch.

7. Bydd y cwis _____ y dafarn.

8. Fyddwch chi'n mynd i'r sinema nos
   yfory? _____ (✓)

9. Ges i _____
   gyda swper neithiwr.

10. Mae e wedi bod ar wyliau _____
    ngogledd Cymru.

11. Mae pen tost _____ fi.

12. _____ dim barf gyda fe.

Ymarfer 2

**Ysgrifennwch 6 brawddeg am y person
yng nghanol y llun gan ddefnyddio'r
wybodaeth yn yr arwyddion o'i
chwmpas.**

*Write 6 sentences about the person
in the centre of the picture using the
information in the signs around her.*

Dyma Caroline

_____

_____

_____

_____

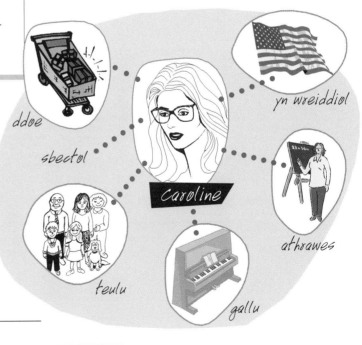

ddoe

sbectol

yn wreiddiol

Caroline

athrawes

teulu

gallu

Ymarfer 3

Darllenwch yr hysbyseb ac atebwch y cwestiynau:

Read the advert and answer the questions:

1. Pwy ysgrifennodd *Gymerwch chi Sigarét?*

_____

_____

2. Pwy yw'r cyfarwyddwr?

_____

_____

3. Enwch 3 o'r actorion.

_____

_____

4. Pryd bydd *Gymerwch chi Sigarét?* yn Theatr y Mwldan?

_____

5. Ble bydd *Gymerwch chi Sigarét?* yn dechrau am 8.00 p.m.?

_____

CWMNI THEATR Y FRO

yn cyflwyno

Gymerwch chi sigarét?

gan **Saunders Lewis**

Cynhyrchiad newydd o ddrama glasurol Saunders Lewis.
Cyfarwyddwr: Hywel Jones

Yr actorion fydd:
Rhian Morgan, Janet Aethwy, Gwenno Dafydd,
Danny Grehan, Gwion Rhys a Daniel Evans.

Y Daith:
Theatr Gwynedd, Bangor:
Nos Wener - Nos Sadwrn, 28-29 Hydref, 7.30 p.m.
Swyddfa Docynnau: (01248)-362362

Theatr y Mwldan, Aberteifi:
Nos Lun - Nos Fercher, 31 Hydref - 2 Tachwedd, 7.30 p.m.
Swyddfa Docynnau: (01239)–783402

Neuadd Les Ystradgynlais
Nos Iau - Nos Wener, 3-5 Tachwedd, 8.00 p.m.
Swyddfa Docynnau - (01639)-890235

Ymarfer 4

Ysgrifennu Cerdyn Post
Ysgrifennwch gerdyn post yn cynnwys y geiriau isod i gyd. Does dim rhaid iddyn nhw fod yn y drefn yma. Ysgrifennwch tua 50 gair.

Write a postcard and include all these words. They don't have to be in this order. Write about 50 words.

Annwyl Dylan,

CERDYN POST

_____

_____

_____

_____

_____

_____

_____

_____

_____

Pob hwyl _____

Dylan Jones

6 Llety'r Wennol

CAERNARFON

LL54 6QW

yfory   ddoe   **Ffrainc**   **braf**   **mynd**